FRANCISCO CÂNDIDO XAVIER

FAMÍLIA

ESPÍRITOS DIVERSOS

FEB

CEU

Direitos licenciados pelo Centro Espírita União à Federação Espírita Brasileira
CENTRO ESPÍRITA UNIÃO – CEU
Rua dos Democratas, 527 – Jabaquara
CEP 04305-000 – São Paulo (SP) – Brasil

1ª edição – 2ª impressão – 2 mil exemplares – 8/2017

ISBN 978-85-69452-94-2

FEDERAÇÃO ESPÍRITA BRASILEIRA – FEB
Av. L2 Norte – Q. 603 – Conjunto F (SGAN)
70830-106 – Brasília (DF) – Brasil
www.febeditora.com.br
editorial@febnet.org.br
+55 61 2101 6198

Pedidos de livros à FEB
Comercial
Tel.: (61) 2101 6168/6177 – comercialfeb@febnet.org.br

Dados Internacionais de Catalogação na Publicação (CIP)
(Federação Espírita Brasileira – Biblioteca de Obras Raras)

X3f Xavier, Francisco Cândido, 1910-2002
Família / Espíritos diversos; [psicografado por] Francisco Cândido Xavier. – 1. ed. – 2. imp. – Brasília: FEB; São Paulo: CEU, 2017.

134 p.; 21 cm

ISBN 978-85-69452-94-2

1. Família. 2. Espiritismo. 3. Obras psicografadas. I. Xavier, Francisco Cândido, 1910–2002. II. Federação Espírita Brasileira. III. Título.

CDD 133.93
CDU 133.7
CDE 80.03.00

SUMÁRIO

PREFÁCIO

Prezado leitor,

Um livro sobre a família terrestre, anotando todas as complexidades que lhe ditam a formação, teria o tamanho de enorme compêndio, incompatível com as finalidades de nossa tarefa de esclarecimento e reconforto.

Com respeitoso apreço, deixamos os estudos pormenorizados, em torno do assunto, aos pesquisadores das ciências psicológicas no plano físico, uma vez que, para responder aos companheiros que nos indagam quanto ao reino doméstico, apenas respingamos algumas situações e tópicos, relativamente à família, do ponto de vista da reencarnação ou, mais propriamente, da lei de causa e efeito.

Em vista disso, amigo leitor, entregamos à tua consideração as anotações e os comunicados simples deste livro, a fim de refletirmos juntos sobre responsabilidades e compromissos, alegrias e bênçãos da vida familiar na Terra, que segue sempre, no domínio das consequências, na direção do reajuste e do aperfeiçoamento, da felicidade e da sublimação na vida espiritual.

Emmanuel

Uberaba (MG), 21 de fevereiro de 1981.

CAPÍTULO 1

EM **FAMÍLIA**

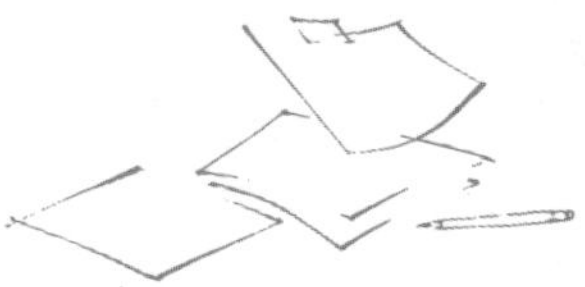

A família consanguínea é lavoura de luz da alma, dentro da qual triunfam somente aqueles que se revestem de paciência, renúncia e boa vontade.

De quando a quando, o amor nos congrega, em pleno campo da vida, regenerando-nos a sementeira do destino.

Geralmente, não se reúnem a nós os companheiros que já demandaram a esfera superior dignamente aureolados por vencedores, e sim afeiçoados menos estimáveis de outras épocas, para restaurarmos o tecido da fraternidade, indispensável ao agasalho de nossa alma, na jornada para os cimos da vida.

Muitas vezes, na condição de pais e filhos, cônjuges ou parentes, não passamos de devedores em resgate de antigos compromissos.

Se és pai, não abandones teu filho aos processos evolutivos da natureza animal, qual se fora menos digno de atenção que a hortaliça de tua casa.

A criança é um *trato de terra espiritual* que devolverá o que aprende, invariavelmente, de acordo com a sementeira recebida.

Se és filho, não desprezes teus pais, relegando-os ao esquecimento e subestimando-lhes os corações, como se estivessem em desacordo com os teus ideais de elevação e nobreza, porque também, um dia, precisarás da alheia compreensão para que se te aperfeiçoe na individualidade a região presentemente menos burilada e menos atendida.

A criatura no ocaso da existência é o espelho do teu próprio futuro na Terra.

Aprende a usar a bondade, em doses intensivas, ajustando-a ao entendimento e à vigilância para que a tua experiência em família não desapareça no tempo, sem proveito para o caminho a trilhar.

Quem não auxilia alguns não se acha habilitado ao socorro de muitos.

Quem não tolera o pequeno desgosto doméstico, sabendo sacrificar-se com espontaneidade e alegria, a benefício do companheiro de tarefa ou de lar, debalde se erguerá por salvador de criaturas e situações que ele mesmo desconhece.

Cultiva o trabalho constante, o silêncio oportuno, a generosidade sadia e conquistarás o respeito dos outros, sem o qual ninguém consegue ausentar-se do mundo em paz consigo mesmo.

Se não praticas no grupo familiar ou no esforço isolado a comunhão com Jesus, não te demores a buscar-lhe a vizinhança, a inspiração e a diretriz.

Não percas o tesouro das horas em reclamações improfícuas ou destrutivas.

Procura entender e auxiliar todos em casa, para que todos em casa te entendam e auxiliem na luta cotidiana, tanto quanto lhes seja possível.

O lar é o porto de onde a alma se retira para o mar alto do mundo, e quem não transporta no coração o lastro da experiência dificilmente escapará ao naufrágio parcial ou total.

Procura a paz com os outros ou a sós.

Recorda que todo dia é dia de começar.

EMMANUEL

CAPÍTULO 2

JESUS **EM CASA**

O lar é o santuário em que a Bondade de Deus te situa. Dentro dele, nos fios da consanguinidade, recebes o teu primeiro mandato de serviço cristão.

É aí que te avistas com o adversário de ontem, convertido em parente próximo, e que retomas o contato de afeições queridas que o tempo não apagou...

O mundo é a grande ribalta dos teus ideais e convicções, mas o lar é o espelho para os testemunhos de tua fé.

Não olvides a necessidade de Cristo no cenário de amor em que te refugias.

Escolhe alguns minutos por semana e reúne-te com os laços domésticos que te possam acompanhar no cultivo da lição de Jesus.

Quanto seja possível, na mesma noite e no mesmo horário, faze teu círculo íntimo de meditação e de estudo.

Depois da prece com que nos cabe agradecer ao Senhor o pão da alma, abre as páginas do Evangelho e lê, em voz alta, algum dos seus trechos de verdade e consolo, para o que receberás a inspiração dos amigos espirituais que te assistem.

Não é necessária a leitura por mais de dez minutos.

Em seguida, na intimidade da palavra livre e sincera, todos os companheiros devem expor suas dúvidas, seus temores e suas dificuldades sentimentais.

Através da conversação edificante, emissários da esfera superior distribuirão ideias e forças, em nome do Cristo, para que horizontes novos iluminem o espírito de cada um.

Aprenderás que semelhante prática vale por visita de nossos corações ao Eterno Benfeitor, que nos tomará o esforço por trilho de acesso à sua Divina Luz, transformando-nos o culto da Boa-Nova em fonte de bênçãos, dissolvendo em nosso campo de trabalho todas as sombras da discórdia e da ignorância, do desequilíbrio e da irritação.

Dizes-te amigo de Cristo, afirmas-te seguidor de Cristo e clamas, com razão, que Cristo é o caminho redentor da Terra, mas não te esqueças de lhe erigir assento constante à mesa do próprio lar, para que a luz do Evangelho se te faça vida e alegria no coração.

EMMANUEL

CAPÍTULO 3

DO CÉU **À TERRA**

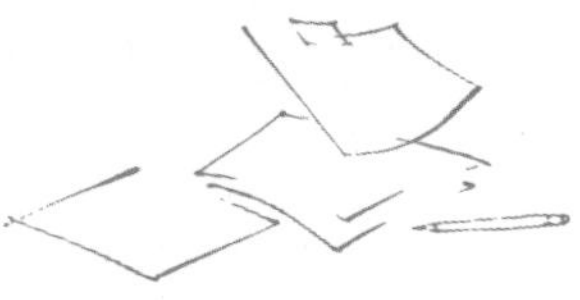

Junto às portas celestiais assomam almas da Terra todos os dias. Sublimadas na abnegação e na dor, assemelham-se a anjos nascituros que o flagelo da retaguarda deixou sem nome...

Agora, as cruzes do trabalho destacam-se-lhes dos ombros, à feição de asas alvíssimas, com que aspiram aos supremos voos no rumo da Eternidade...

Enlevadas, auscultam constelações distantes, lares suspensos da Criação que lhes sugerem, enfim, a ventura perfeita, e ouvem, extáticas, a música das esferas, convidando-as à luz da divina ascensão...

Todavia, na fronteira de sol, gritos de expiação alcançam-lhes o seio...

Partem da Terra escura em que a noite domina. Traduzem desespero, agonia e aflição...

Trazem pragas atrozes, notas de tempestade e soluços pungentes...

São lágrimas e anseios daqueles que ficaram no abismo da saudade, entre a grade da treva e o martírio da prova...

São filhos que padecem, amigos que pranteiam, companheiros em sombra e amores sob algemas...

É então que os redimidos quase sempre despertam para o Cristo Imortal e, ao invés da subida ao fulgor das estrelas, volvem à matéria obscura, retomam-na, apressados, sofrendo o berço pobre em chagas de amargura, acendendo, de novo, o lume da alegria, onde a angústia corveja, ensinando a bondade em silêncio e renúncia, indicando o caminho ao resplendor da Altura e morrendo em louvor da Bondade Sublime, aprendendo, com o

Cristo, que a virtude do amor é cessar todo ódio e que a graça do Céu é converter o Inferno de procedência humana em templo redentor de trabalho e esperança para o Reino de Deus.

EMMANUEL

CAPÍTULO 4

PÁGINA **AOS PAIS**

Por maiores que sejam os compromissos que te prendam a obrigações dilatadas, na esfera dos negócios ou na vida social, consagrarás à família as atenções necessárias.

Lembrar-te-ás de que o lar não é tão somente o refúgio que o arquiteto te planeou, baseando estudos e cálculos nos recursos do solo.

Encontrarás nele o templo de corações, em que as Leis de Deus te situam transitoriamente o Espírito, a fim de que aprendas as ciências da alma no internato doméstico.

"Honrarás teu pai e tua mãe..." proclama a Escritura, e daí se subentende que precisamos também dignificar nossos filhos.

Ainda mesmo se eles, depois de adultos, não nos puderem compreender, nada impede que venhamos a entendê-los e auxiliá-los, tanto quanto nos seja possível, sem que por isso necessitemos coartar os planos superiores de serviço que nos alimentem o coração.

Reconhecendo o débito irresgatável para com teus pais, os benfeitores que te entreteceram no mundo a felicidade do berço, darás aos teus filhos, com a luz do exemplo no dever cumprido, a devida oportunidade para a troca de impressões e de experiências.

Se ainda não consegues ofertar-lhes o culto do Evangelho em casa, asserenando-lhes as perguntas e as ansiedades com os ensinamentos do Cristo, não te esqueças do encontro sistemático em família, pelo menos semanalmente, a fim de atender-lhes as necessidades da alma.

Detém-te a registrar-lhes as indagações infantojuvenis, louva-lhes os projetos edificantes e estimula-lhes o ânimo à prática do bem.

Não abandones teus filhos à onda perigosa das paixões desenfreadas, sob o pretexto de garantir-lhes personalidade e emancipação.

Ajuda-os e habilita-os espiritualmente para a vida de hoje e de amanhã.

Sobretudo, não adies o momento de falar-lhes e de ouvi-los, pois a hora da tormenta de provações, na viagem da Terra, se abate, mais dia menos dia, sobre a fronte de cada um, por teste de resistência moral, na obra de melhoria e resgate, elevação e aprimoramento em que nos achamos empenhados.

Persevera no aviso e na instrução, no carinho e na advertência, enquanto o ensejo te favorece, porquanto muito dificilmente conseguimos escutar-nos uns aos outros por ocasião de tumulto ou tempestade, e ainda porque ensinar equilíbrio, quando o desequilíbrio já se instalou, significa, na maioria das vezes, trabalho fora de tempo ou auxílio tarde demais.

EMMANUEL

CAPÍTULO 5

TEU **FILHO**

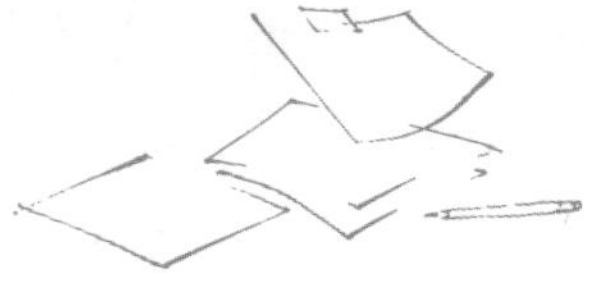

Observa a flor tenra que desabrocha no jardim de teu lar...

Espírito extasiado, exclamas ante o hóspede frágil que te pede refúgio ao coração:

— Meu filho! Meu filho!

E sentes o suave mistério do amor que te renova as forças para o trabalho, enriquecendo a alma, com estímulos santos.

Dessa criaturinha leve e doce que ainda não fala, recolhes poemas inarticulados de esperança e ternura...

Desse anjo nascituro que ainda não caminha, recebes sugestões silenciosas de coragem para marchar com destemor, dentro da luta em que te refazes para a Vida Maior...

Bênçãos intangíveis do Céu te coroam a fronte, e aprendes a suportar, com heroísmo, o cálice de fel que o mundo te apresenta e a cultivar a humildade que te faz mais humano e melhor à frente dos semelhantes...

Contudo, não te esqueças, é ao som dessa música renovadora que teu filho será amanhã teu retrato e que nele estamparás teus próprios ideais e teus próprios impulsos, plasmando-lhe o novo modo de ser.

Sem dúvida, não é um estrangeiro em tua casa, nem um desconhecido ao teu afeto...

É alguém que chega de longe, como acontece a ti mesmo.

Alguém que te comungou as experiências do passado e que se liga ao teu caminho pelos laços luminosos do amor ou pelas duras algemas da aversão.

Recebe-o, assim, com doçura e reconhecimento, mas não olvides o dever de armá-lo com elevação espiritual necessária ao combate que, amanhã, lhe cabe ferir...

Ajuda-o, equilibra-o e ampara-o com o trabalho digno e com o estudo edificante.

Ama-o e educa-o, oferecendo-lhe o melhor de tua alma, porque, cumpridas as tuas obrigações no lar, ainda mesmo que teu filho não te possa compreender a nobreza do sacrifício e a excelsitude da abnegação, receberás do Eterno Senhor, Nosso Pai Celestial, a bênção da alegria e da paz, uma vez que, diante d'Ele, todos somos filhos e tutelados também.

EMMANUEL

CAPÍTULO 6

ANOTAÇÕES DA FAMÍLIA

Moldada em dor e prazer,
Família é um campo a transpor,
No qual se deve aprender
As grandes lições do amor.

MÚCIO TEIXEIRA

Achei no Livro da vida
Este conceito profundo:
— Família que briga unida
Consegue vencer no mundo.

LULU PAROLA

Muitos débitos são pagos
Onde a vida nos atrela,
Em muitas reencarnações,
Ao carro da parentela.

QUINTINO CUNHA

Há muita culpa escondida,
Cinza que foi ódio em chamas
Que, às vezes, surge na vida
No parente que mais amas.

LUCANO REIS

Lar me parece a bigorna
Ante o malho, em certo jogo,
No qual o amor é testado
Em altas provas de fogo.

Cornélio Pires

Casamento sem amor
Pode vir a suceder
Nas tramas do obsessor
Que tem pressa de nascer.

Cornélio Pires

Posição ditosa e rara,
Fortuna, poder, verniz...
Nada disso se compara
À bênção do lar feliz.

Bóris Freire

Verdade que se propaga,
Ante a força da razão:
Em casa, tudo se paga
Por lei da reencarnação.

Jésus Gonçalves

Prometeram, no outro mundo,
Família, trabalho e fé,
Mas vendo as lutas em casa,
Os coitados dão no pé.

LAMARTINE BABO

As famílias quando varam
Travessias dolorosas
Lembram roseiras de espinhos
Acobertadas de rosas.

LUIZ DE OLIVEIRA

Feito de ouro ou sucata,
O lar de angústias e esperas
É o campo onde se resgata
As dívidas de outras eras.

ÁLVARO MARTINS

Família, como estiver,
Erguida seja onde for,
É uma bênção de trabalho
Que Deus nos faz por amor.

SILVEIRA CARVALHO

CAPÍTULO 7

ANTES DO BERÇO

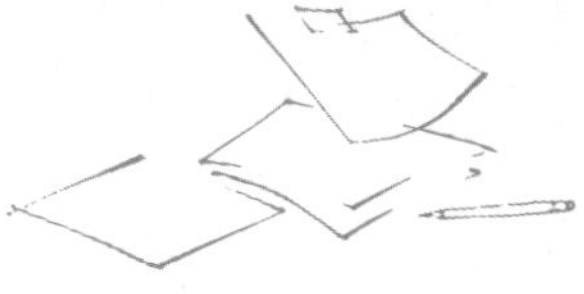

Antes do berço, quase sempre, conhece a alma humana, plenamente desperta, grande parte dos débitos que lhe induzem o coração a remergulhar nas forças do plano físico.

Muitas vezes, como o auxílio dos benfeitores que lhe endossam as novas experiências, contempla o quadro de provações em que testemunhará humildade e renúncia.

Muitos candidatos ao recomeço da aprendizagem na Terra, em semelhantes visões do limiar, tremem e choram, debatendo-se em clamoroso receio, acovardados à última hora, quando já não podem recuar nas decisões assumidas.

É então que o afeto dos pais lhes confere doce refúgio.

No clima nutriente do lar, aquietam as próprias ânsias, refazendo-se à luz do entendimento e da prece, para combate consigo mesmo na estrada redentora.

Entretanto, se pais e mães, nessa hora, surgem moralmente inabilitados, entre a indiferença e a discórdia, desajustes e enfermidades poderão sobrevir na grande passagem, porquanto o aborto e o desequilíbrio aparecerão, aflitivos, sobrecarregando o nascituro de pesados gravames que, em muitas ocasiões, só a morte inesperada conseguirá reprimir.

Pais amigos, guardai convosco, ante o berço terrestre, a oração e o carinho, a caridade e a paz, porque sois responsáveis, na luz da reencarnação, por aquele que volta, em nome do Senhor, a rogar-vos abrigo, a fim de burilar-se e servir, ofertando-vos, ao mesmo tempo, as mais nobres oportunidades de elevação!...

Emmanuel

CAPÍTULO 8

TEU FILHINHO **CONTIGO**

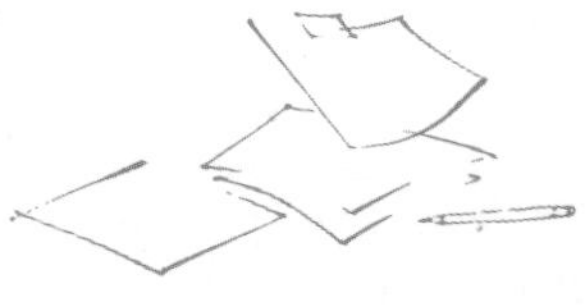

O lar é a oficina.

Os pais são artífices.

A criança é a obra.

O lar é o gabinete de lapidação.

Os pais são buriladores.

A criança é o brilhante potencial.

O lar é a terra.

Os pais são cultivadores.

A criança é o fruto.

O lar é a escola.

Os pais são instrutores.

A criança é o livro em branco.

Lembra-te de que teu filhinho contigo reclama o orvalho do amor, o esmeril do trabalho, os talentos do estudo e a força de tua própria ascensão espiritual, para que possa atender, no futuro, às abençoadas tarefas que a Eterna Bondade lhe assinala.

Não olvides a tua própria abnegação, na desincumbência dos compromissos que assumes no santuário doméstico, situando as flores humanas que Deus te confia, nos ensinamentos de Cristo, uma vez que, conduzindo-as com o teu próprio exemplo ao hálito do Jardineiro Divino, oferecerás, mais tarde, ao Supremo Senhor, o fruto primoroso de tua mais alta esperança, em plenitude de alegria e vitória, por haveres honrado, na beleza do lar, a bênção da criação que consubstancia o prêmio maior da vida.

EMMANUEL

CAPÍTULO 9

INFÂNCIA

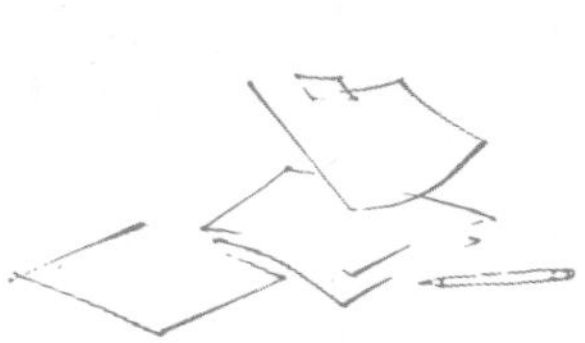

Muitos psicólogos modernos acreditam que as crianças devem ser entregues à inclinação espontânea, cabendo aos adultos o dever de auscultar-lhes a vocação, a fim de auxiliá-las a exprimir os próprios desejos.

Esquecem-se, no entanto, de que o trabalho e a reflexão vibram na base de todas as ações alusivas ao aprimoramento da Natureza.

Se o cultivador aguarda valioso rendimento da planta, há que propiciar-lhe adubo e carinho.

Se o estatuário concebe a formação da obra-prima, não prescinde do amor no trato da pedra.

Se o oleiro aspira a plasmar uma ideia no corpo da argila, necessita condicioná-la em fôrma conveniente.

Se o construtor espera segurança e beleza no edifício que lhe atende à supervisão, não pode afastar-se da disciplina, ante o plano traçado.

Toda obra revela a fisionomia espiritual de quem a executa.

Além disso, treinam-se potros para corridas, instruem-se muares para tração, exercitam-se pombos para correio e amestram-se cães para tarefas salvacionistas.

Como relegar a criança à vala da indiferença?

Do berço humano surgem muitos santos e heróis, para tarefas sublimes, no entanto, em maior proporção, aí respiram, na moldura de temporária inocência, almas comuns que suspiram por libertar-se da ignorância e da delinquência.

Instinto à solta na infância é passaporte para o desequilíbrio.

Menino em desgoverno — celerado em preparação.

Hoje, criança livre — amanhã, problema laborioso.

Pequeninos refletem grandes.

Filhos imitam pais.

Os hábitos da madureza criam a moda espiritual para a juventude.

Esclareçamos nossos filhos no livro do exemplo nobre.

Nem freio, que os mantenha na servidão, nem licença que os arremesse ao charco da libertinagem.

Em verdade, a criança é o futuro.

Mas ninguém colherá futuro melhor, sem frutos de educação.

EMMANUEL

CAPÍTULO 10

CANTORIA **DA CRIANÇA**

Sobre o mundo da criança
Alguém me manda escrever:
Quando quem pode é quem manda
Obediência é dever.
Gosto muito de meninos,
Mas não sei o que fazer.

Quem nascia antigamente
Achava quem protegia,
Pai e mãe formavam dupla
Que velava noite e dia;
E dessa prova de amor
Qualquer criança sabia.

Chegasse o recém-nascido,
Parecia o viajante,
Parente do coração
Há muito tempo distante,
A família toda em festa
Ficava mais importante.

Amigos traziam flores
De paz e satisfação,
A criança ouvia preces
De carinho e gratidão,
Sabendo-se recebida
Por dentro do coração.

Das razões do nascimento
Ninguém queria o porquê,
A criança era beijada
De alegria, já se vê,
A mamãezinha no quarto
Amamentava o bebê.

Hoje em dia, um pequenino
Já nasce tristonho e só,
É dado para a enfermeira,
Não vê vovô, nem vovó,
Não ganha leite materno;
Nasceu, tome leite em pó.

Não há mais festa, nem preces...
Seja menino ou menina,
Que não se arranque do berço,
Que se aguente no arrozina,
Em vez de colos e abraços
É vacina e mais vacina.

Mamãe vai para o trabalho,
A criança chora e chama,
Tem sede e fome de amor,
Mas ninguém lhe nota o drama
Depois das mãos da enfermeira
Vai para os braços da ama.

A ama vive no esquema,
O nenê quer conversar,
Papai, porém, não tem horas
Para carinhos no lar,
A mamãe regressa tarde,
Precisa de repousar.

A criança tem de tudo,
Brinquedos, roupa enfeitada,
Aniversários em festa,
Televisão e mesada,
Mas dos pais de que nasceu
Já se sente rejeitada.

Aí começa o salseiro
Do lar a se decompor,
Rara é a criança que chega
Da Vida Superior,
Quase sempre é parentela,
Pedindo pousada e amor.

Sentindo-se em menosprezo,
O espírito renascente
Sem apoio que o renove,
Faz-se rebelde e doente,
Frio, amargo e revoltado
Mesmo forte e inteligente.

Hoje, ouvindo professores,
Falando de educação,
Não sei quando o não é sim,
Nem sei quando o sim é não,
Só peço aos pais que observem
A lei da reencarnação.

Organizar o futuro
Para melhor é dever,
Mas aqui falo a verdade
Que todos devem saber:
O que se faz à criança
É o que vai acontecer.

LEANDRO GOMES DE BARROS

CAPÍTULO 11

NÃO ADIANTA BRIGAR

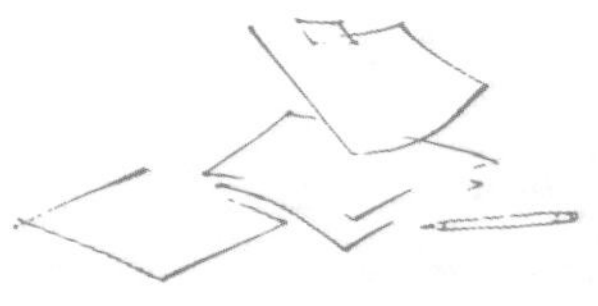

Irmãos, jamais nos odiemos uns aos outros. Contar-vos-ei pequena história para dizer-vos que, através do princípio da reencarnação, a Bondade de Deus nos impele constantemente à observância da verdadeira fraternidade, segundo a Lei do Amor.

Nhô Juca matou João de Nhá Rozenda
Com dois tiros no Sítio da Marmota.
João era apaixonado de Quinota,
A bonita caçula da fazenda.

O réu fugiu, mas, preso numa grota,
Veio a júri e foi livre na contenda...
Nisso, a filha casou com Zé Merenda,
Dono de muita terra, prata e nota.

A briga foi bobagem, Deus louvado!
João nasceu de Quinota... e reencarnado
Trouxe um sinal no peito e outro na nuca.

Hoje, é um menino vivo que nem brasa,
E, na mão do vovô, de casa em casa,
É o neto mais dengoso de Nhô Juca.

Cornélio Pires

CAPÍTULO 12

DRAMA DE PAI

O pensamento agoniado de Paulo Silva nos buscava de longe... Antes de nossa desencarnação, conhecêramos nele um menino terno e amigo.

Esperava-nos, na vizinhança, pela manhã, para dar-nos abraço enternecedor. Agora, tanto tempo escoado, seria um homem maduro.

Sim, ao revê-lo, no limiar dos cinquenta de idade, espantávamo-nos ao identificar-lhe os cabelos brancos, o corpo em terrível abatimento, o olhar embaciado de lágrimas, os gritos de louco...

Que teria ocorrido para motivar-lhe a tragédia?

A resposta vinha em grosso diário paterno, carinhosamente guardado em mesa próxima, do qual respingamos tão somente alguns tópicos mais importantes e que alinhamos aqui, a título de estudo:

18/11/1950 – Sou pai, como sou feliz!... Recebi meu filho hoje nos braços... Meu filho!... Combinei com minha mulher, concordamos em que terá o meu nome. Será chamado Paulo Júnior.

20/2/1954 – Minha mãe julga que Cecília e eu devemos encomendar mais filhos. Não quero. Conservarei apenas meu Paulinho, meu ídolo. Terá ele tudo o que a vida não me deu...

5/3/1957 – Que felicidade ver Paulinho na escola! Uma inteligência!... Comprei hoje, em nome dele, duzentas ações de uma companhia respeitável, investimento valioso na indústria.

18/11/1958 – Aniversário de meu filho. Adquiri para ele uma gleba de vinte mil metros quadrados em Jacarepaguá. Terreno de grande futuro.

11/5/1960 – Aproveitei a situação de dois amigos que estavam com a corda no pescoço e comprei para meu filho duas casas em ótimo ponto da Tijuca. Negócio de ocasião.

14/8/1960 – Sonhei com meu pai, morto há vinte anos. Coisa esquisita! Pedia-me pensar nas crianças abandonadas, nos filhos sem ninguém, nos pequenos ao desamparo. Acrescentava que eu posso e devo amar meu filho, mas sem esquecer que todos somos filhos de Deus e que o mundo está repleto de criaturas necessitadas a suplicarem socorro... Despertei assustado.

Isso tudo, porém, é bobagem.

Os mortos estão mortos.

Preciso cuidar do futuro de meu filho e de nada mais.

15/4/1961– Viva a boa sorte!... Duas viúvas em aperto me venderam as residências por ninharia. Verdadeiras mansões!

Escrituras lavradas em nome de Paulinho. Meu filho será grande proprietário.

17/6/1962 – Mais terrenos para meu filho. Duas glebas em Teresópolis.

19/7/1962 – Adquiri quatrocentas ações, em nome de Paulinho, de indústrias têxteis do interior de Minas Gerais.

20/1/1963 – Freiras de um asilo vieram pedir-me socorro, em favor de meninos órfãos. Não dei coisa alguma e nem dou. Meu filho não será prejudicado por desfalques de caridade.

22/2/1964 – Os espíritas que constroem um abrigo para crianças vadias chegaram em comissão, rogando auxílio. Achei-os uma graça! Minha resposta foi não, como sempre. Tudo o que me vier às mãos será de Paulinho.

18-11-1965 – Quinze anos. Belo e feliz aniversário de meu filho!

Adquiri para ele, hoje à tarde, boa fazenda no interior fluminense.

20/11/1965 – Sonhei novamente com meu pai, dizendo-me para não me esquecer do ensinamento evangélico que indica na caridade a força capaz de cobrir as nossas faltas e renovar o nosso destino. Lembro-me perfeitamente das palavras dele, afirmando que é preciso ajudar aos que sofrem na Terra para receber o auxílio dos que moram no Céu. Tolices!... Acredito que a conversa dos espíritas, anteontem, me influenciou negativamente.

31/12/1966 – Adquiri mais duas casas para meu filho. Pechincha com que eu não contava.

4/3/1967 – Paulinho brilhando nos estudos secundários. Que carreira seguirá? Acima de tudo, quero que seja um homem rico. Não acredito em poder superior ao poder do dinheiro.

6/4/1967 – Comprei dois carros para meu filho, um para a cidade, outro para a fazenda. Os quatro automóveis de que dispomos em família já não me parecem dignos dele.

18/11/1967 – Novo aniversário de Paulinho. Adquiri quatro apartamentos em nome dele. Quero meu filho cada vez mais rico, sempre mais rico.

30/1/1968 – A fortuna de meu filho, conforme o

balanço último, já ultrapassa um bilhão de cruzeiros velhos, segundo as anotações de meu contabilista.

19/4/1968 – Meus tios Arlindo e Antônio pediram-me auxílio, declarando-se em penúria. Neguei. Tenho meu filho para cuidar.

22/1/1970 – Meu Deus! Meu Deus!... Paulinho está no hospital, em estado grave!...

Aqui terminavam as anotações. O resto era a provação à frente de nossos olhos.

Paulo Silva, que concentrara no filho único imensa fortuna, e que, por isso mesmo, se negava a atender a quaisquer apelos da beneficência ou da cooperação fraternal, profundamente desequilibrado assistia, junto de nós, à saída do filho morto, que desencarnara, em plena juventude, vitimado pela hepatite.

Irmão X

CAPÍTULO 13

ROGATIVA **MATERNAL**

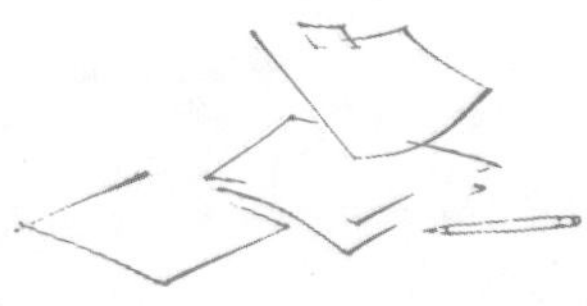

Meus filhos,

Não me perguntem por aquilo que mais desejo.

Agradeço as flores e as lembranças preciosas, entretanto, se algo posso pedir, rogo a vocês para serem retos e bons.

Ouço-lhes, aflita, as palavras de cansaço e desilusão! Vocês falam em tédio e angústia, desânimo e desconforto como se o trabalho não mais nos favorecesse!

Ah! Meus filhos, Deus colocou vocês em meu carinho, como acolcheta as flores na erva, mas pergunto a mim mesma se terei falhado na devoção com que os recebi!...

Desculpem-me se não lhes dei ternura bastante a fim de que se desenvolvessem para a alegria do mundo que nos cabe servir...

Às vezes, suponho que, ao beijá-los, como sendo as criaturas melhores da Terra, talvez não lhes tenha feito notar que os filhos das outras mães são também tutelados da Providência Divina!

Perdoem-me se não lhes inclinei o sentimento ao dever e à fraternidade, mas creiam que as lágrimas me sulcaram o rosto e as aflições me alvejaram os cabelos de tanto pensar no modo certo de fazê-los felizes!

Perdoem-me se não pude arrancar a minha alma do corpo a fim de doar-lhes coragem e paciência!

Mas se é verdade que sou fraca, temos o Céu por nós.

Vocês querem que eu tenha o meu dia... Sim, filhos do meu coração, espero por vocês, de braços abertos, a fim de orarmos juntos, rogando a Deus nos reúna em seu Infinito Amor, para que o Dia das Mães, em toda parte, seja o Dia da Bênção.

MEIMEI

CAPÍTULO 14

SE LHE **FALTA**

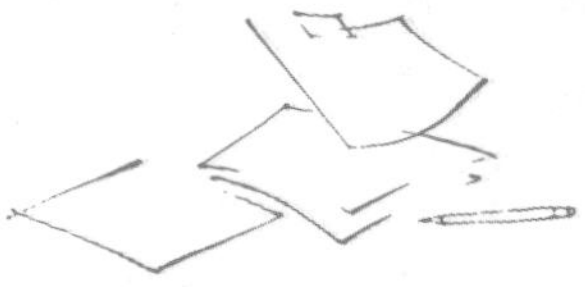

Se lhe falta alguma utilidade, pega o amparo dos outros, buscando ser útil.

Ninguém precisa roubar.

Se lhe falta saúde, proteja as energias de que ainda dispõe.

O fato remendado é uma bênção para quem podia estar nu.

Se lhe falta afeição, procure a simpatia do próximo com nobreza.

Há milhares de criaturas mentalizando o suicídio por que lhes falta a estima de alguém.

Se lhe falta tranquilidade, tente encontrá-la em você.

Entra no fogo quem quer.

Se lhe falta força, descanse e recomece.

Muito difícil estabelecer o ponto de interação entre o cansaço e a preguiça.

Se lhe falta instrução, dê mais algum tempo ao estudo.

A Terra está inundada de livros.

Se lhe falta trabalho, não fique esperando.

Há uma enxada disponível em toda parte.

Se lhe falta aprovação alheia ao esforço sincero de servir e de aprimorar-se, continue fazendo o melhor ao seu alcance.

Aqueles que perdoam as nossas imperfeições e nos abençoam em nossas dificuldades são superiores a nós, mas aqueles que nos criticam ou complicam são tão necessitados quanto nós mesmos.

André Luiz

CAPÍTULO 15

TROVAS DO CASAMENTO

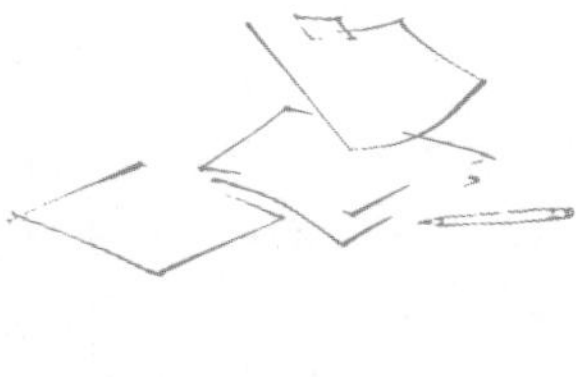

Não fujas do lar em prova,
Nem te lastimes em vão,
Casamento é luz sublime
Na Lei da Reencarnação.

Casimiro Cunha

Casamento sem amor
Por muito enfeite na estrada
É comparável à noite
Que não visse a madrugada.

Antônio de Castro

Quem na afeição faz comédia,
Em se casando, a contento,
Encontrará sem apelo
Um drama no casamento.

José Nava

Divórcio? Separação?
Distância do compromisso?
Ciúme? Desconfiança?
Quem ama não sabe disso.

Vivita Cartier

Casal que resguarda os votos
Sem atirá-los ao léu
Constrói o claro caminho
Do amor que conduz ao Céu.

TARGÉLIA BARRETO

O casamento é uma planta
Que por mais luz arrecade
Não frondeja, nem produz
Sem as fontes da amizade.

LOBO DA COSTA

O lar que nada sofreu
E vive somente em festa
Lembra a noz quando fechada
Que ninguém sabe se presta.

MARCELO GAMA

Um lembrete para os homens
Enquanto pobres mortais:
Se quem casa sofre muito
Quem não casa sofre mais.

DELFINA BENIGNA

As regras do matrimônio
Numa só regra se diz:
Quem não perdoa a quem ama
Não consegue ser feliz.

AZEVEDO CRUZ

A criatura que amamos
Unida a outros ou não,
Não nos deixa o pensamento
Nem nos sai do coração.

LÍVIO BARRETO

Matrimônio vem de Deus
E é sempre um ajuste assim:
Uma paixão que se acaba
Em amizade sem fim.

JOSÉ ALBANO

CAPÍTULO 16

NA ESCOLA **DO BEM**

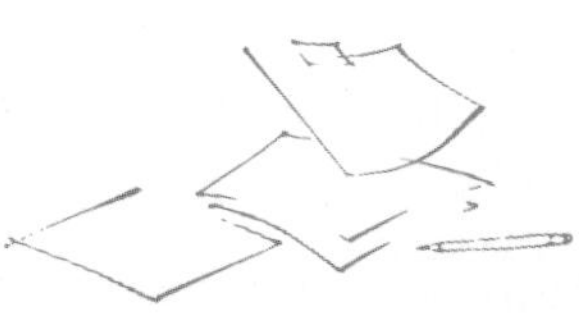

Auxiliemos outrem como desejamos se nos faça.

Ergue-te cada dia, cultivando a divina lição.

Recorda quanto te fere o mau humor das criaturas irritadas pela manhã, e levanta-te do leito com um sorriso nos lábios, estimulando a alegria dos que te cercam.

Medita no contentamento que recolhes no templo doméstico toda vez que os familiares te abençoam a presença com as flores invisíveis do amor e estende a bênção da paz e do bom ânimo àqueles corações que a Divina Bondade te confiou no recinto doce do lar.

Pensa em como te reconforta a desculpa incondicional dos que te desfrutam a palavra e o convívio, sempre que a irreflexão te afeia a boca ou envenena o gesto, e perdoa, com esquecimento integral, as ofensas que te sejam, porventura, assacadas no ambiente onde estiveres.

Reflete na consolação de que se faz mensageira a frase amiga no círculo a que serves e improvisa, quanto possas, incentivo e louvor no campo de luta em que se te desenvolvem atividades e aspirações.

Não olvides a impressão de segurança que te infunde a bondade anônima na via pública e alonga o pensamento de tolerância e a luz da fraternidade em favor dos que transitam na rua.

Seja onde for e com quem for, rememora quanto te agrada a alheia compreensão e busca entender sem restrições, auxiliando infinitamente.

Não esperes calamidades públicas para revelar a caridade que te possui o sentimento, nem aguardes o assalto da delinquência para demonstrar a capacidade de perdão que te reponta do ser.

A compreensão lembra o rio caudaloso que se forma gota a gota para exprimir-se em soberana grandeza.

E se aprendermos hoje a praticar as pequeninas ações da gentileza quais se fossem grandes e nobres, amanhã saberemos praticar as grandes e nobres ações do bem, qual se todas elas fossem humildes e pequeninas.

EMMANUEL

CAPÍTULO 17

HOJE **CONTIGO**

Não olvides que permanecem hoje contigo as sombras que trazes de ontem para a regeneração do próprio destino.

Evidenciam-se, a cada passo, impondo-te os problemas que te assaltam a marcha, propondo-te aprimoramento e progresso, trabalho e melhoria.

São elas, quase sempre: o berço menos feliz em que renasceste; o corpo enfermiço que te serve de residência; o campo atormentado da consanguinidade incompreensiva em que experimentas angústias e solidão; o posto social apagado e triste, recomendando-te humildade; o carinho recusado e envilecido pela deserção de quantos te mereceriam afetividade e confiança; o esposo difícil; a companheira complicada; os filhos que se desvairam nos labirintos da ingratidão; os amigos que fogem; o trabalho de sacrifício em desacordo com as próprias aspirações; e, sobretudo, a insatisfação na própria alma, denunciando-te os desajustes da consciência.

À frente de semelhantes sinais, unge-te de coragem e escuda-te na paciência incansável, oferecendo o bem pelo mal para que a luz vença a treva em teu caminho, porque se a evolução pede esforço, a redenção exige renúncia se quisermos fitar novamente o sol de pensamento tranquilo.

Lembra-te de que a dificuldade de agora é o enquistamento dos nossos erros no antes, rogando entendimento e bondade para que a alegria e a vitória venham felicitar-nos depois.

EMMANUEL

CAPÍTULO 18

AFEIÇÕES **ESPIRITUAIS**

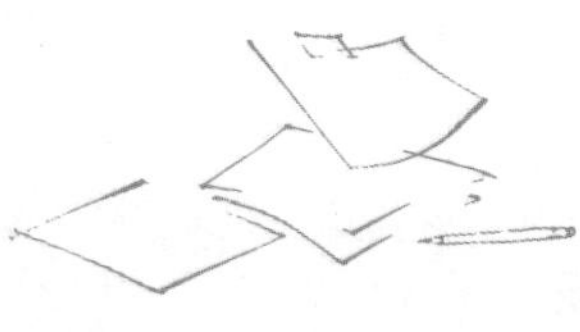

À maneira da árvore que se te ergue à vista sobre raízes ocultas, equilibra-se-te a existência temporária na Terra sobre afeições invisíveis.

São quase todas elas tecidas nos laços que deixaste a distância, antes do berço de que procedes, na luta renovadora em que agora estagias.

Lembra-te de que o aprendizado de hoje é sagrado tentame para que te desvencilhes de tudo o que foi, em teus passos, ilusão e sombra de ontem.

Não olvides também de que se avanças para a frente de luz, ao influxo dos afetos superiores que te estendem braços amigos das regiões elevadas, és constrangido igualmente a suportar a influência da retaguarda de sombras, por todas as afeições subalternas com as quais compartilhaste os infelizes enganos da obsessão e da delinquência.

Não te confies a quantos se te ofereçam nas trilhas do Mais-Além, para a solução de interesses inferiores.

Muitas vezes, o obséquio gratuito das entidades menos esclarecidas que te induzem à preguiça ou a vantagens imediatas, em prejuízo do próximo, será, mais tarde, pesada reparação, quando a liberação do corpo físico te aclare a força do entendimento.

Recorda que é sempre fácil partilhar os sonhos e aspirações daqueles que se igualam a nós na senda evolutiva ou que palmilham mais baixo degrau que o nosso, à luz do conhecimento, e aprende a ciência difícil de conviver com os instrutores que, por amigos sábios e generosos de nosso próprio futuro, nos impõem a disciplina do trabalho e do sacrifício, da humildade e da renúncia na construção da felicidade dos outros, porque somente com eles e por eles, desveladas sentinelas de nosso aperfeiçoamento, conseguiremos entesourar com o Cristo e dentro de nós mesmos, as riquezas do eterno amor e do excelso merecimento para a divina ascensão.

Emmanuel

CAPÍTULO 19

ANTES **DA LUTA**

Da montanha de luz, a alma contempla o vale escuro em que lhe compete trabalhar, na aquisição dos valores imperecíveis para voo aos Céus Mais Altos, e aprecia os aspectos da luta sob o prisma adequado à sua justa ascensão...

Cabe-lhe tomar a veste física, por algum tempo, à maneira do aluno que se prepara convenientemente para o ingresso na escola em que se lhe habilitará a competência ante o serviço mais nobre.

E o espírito reflete em termos de eternidade disputando o trabalho mais árduo como recurso eficiente à vitória que almeja.

A opulência material afigura-se-lhe deplorável pobreza de elevação.

O contentamento de si próprio na gratificação dos sentidos aparece-lhe por reclusão no clima entorpecente do egoísmo.

A beleza física surge-lhe ao discernimento por perigoso empecilho ao triunfo, nas qualidades que pretende adquirir e aperfeiçoar.

A evidência social é interpretada ao seu correto juízo por fixadora de lamentáveis ilusões, embora as nobres responsabilidades de que essa mesma evidência é portadora.

O brilho da intelectualidade vazia sugere-lhe o acesso fácil à cristalização na vaidade e no orgulho.

E a casa terrestre sem problemas se lhe destaca à observação por túmulo de ameaçadora ociosidade em que, provavelmente, se lhe congelarão os melhores impulsos de aprimoramento.

Incorporado, porém, ao vale, eis que frequentemente se deixa enganar por miragens e fantasias, fugindo deliberadamente à realidade que, mais tarde, somente a dor e a morte lhe impõem de novo ao olhar.

Ninguém menospreze a luta e a provação, o trabalho e a dificuldade que, na Terra, nos favorecem o burilamento espiritual para a Vida Superior.

Façamos de cada dia um capítulo de serviço e bondade no livro de nossas relações ante a vida e os nossos semelhantes!

Que a alegria e a esperança, o otimismo e a fé nos iluminem a estrada, ainda mesmo quando sejamos induzidos a libertar nossas aflições em forma de lágrimas!

Sejamos, hoje, corações fraternos e amigos, irmanando-nos uns aos outros na solução dos enigmas que nos são próprios à experiência comum, porque, amanhã, a morte nos terá reunido novamente a todos no templo da verdade, furtando-nos ao engodo da fantasia e restabelecendo-nos a visão.

EMMANUEL

CAPÍTULO 20

ANOTAÇÕES **EM SERVIÇO**

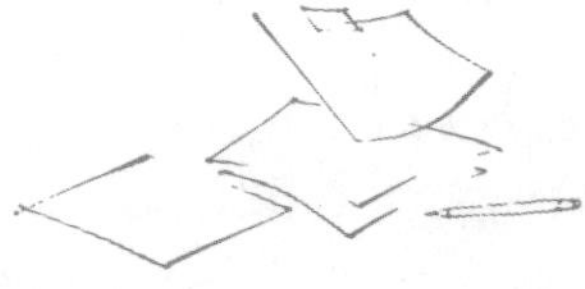

Corrigir-nos, sim, e sempre. Condenar-nos, não.

Valorizemos a vida pelo que a vida nos apresente de útil e belo, nobre e grande.

Mero dever melhorar-nos, melhorando o próprio caminho, em regime de urgência; todavia, abstenhamo-nos do hábito de remexer inutilmente as próprias feridas, alargando-lhes a extensão. Somos espíritos endividados de outras eras e, evidentemente, ainda não nos empenhamos, como é preciso, ao resgate de nossos débitos; no entanto, já reconhecemos as próprias contas com a disposição de extingui-las.

Virtudes não possuímos; contudo, já não mais descambamos conscientemente para criminalidade e vingança, violência e crueldade.

Não damos aos outros toda a felicidade que lhes poderíamos propiciar, entretanto, voluntariamente não mais cultivamos o gosto de perseguir ou injuriar seja a quem seja.

Indiscutivelmente, não nos dedicamos, de todo, por enquanto, à prática do bem, como seria de desejar; todavia, já sabemos orar, solicitando da Divina Providência nos sustente o coração contra a queda no mal.

Não conseguimos infundir confiança nos irmãos carecentes de fé; no entanto, já aprendemos a usar algum entendimento no auxílio a eles.

Por agora não logramos romper integralmente com as tendências infelizes que trazemos de existências passadas, mas já nos identificamos na condição de espíritos inferiores, aceitando a obrigação de reeducar-nos.

Servos dos servos que se vinculam aos obreiros do Senhor, na Seara do Senhor, busquemos esquecer-nos, a fim de trabalhar e servir.

Para isso, recordemos as palavras do Apóstolo Paulo, nos versículos 9 e 10, do capítulo 15, de sua primeira carta aos coríntios: "Não sou digno de ser chamado apóstolo, mas, pela graça de Deus, já sou o que sou".

Emmanuel

CAPÍTULO 21

ANTE A ORFANDADE

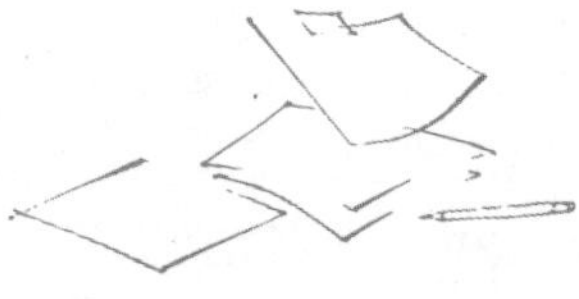

Cultivarás a semente nobre que te supre o pão.

Protegerás a árvore respeitável que te assegura a bênção de reconforto.

E plantarás na infância o porvir que te espera.

Recolhe, sim, a criança que chora a ausência do braço paterno ou que se lastima ante a falta do regaço materno que a morte suprimiu.

A dor dos que vagueiam sem rumo é grito de aflição que clama no seio augusto da Eterna Bondade.

Não abandones à orfandade moral os corações pequeninos que o Céu te confia ao apoio e à vizinhança.

Não te julgues exonerado do dever de assistir a todos aqueles que, em plena aurora da vida humana, te defrontam a marcha.

Todos eles aguardam-te a palavra de instrução e de carinho e a tua demonstração de solidariedade e de amor.

Orientam-se por teus passos, guiam-se por teu verbo e atendem por teu chamado.

Agora assimilam-te os gestos e ouvem-te as assertivas e, mais tarde, reconduzir-te-ão a mensagem do exemplo às existências de que se rodeiam.

O mundo de hoje é o retrato fiel dos homens de ontem que no-lo transmitiram com as qualidades e os defeitos de que se nutriam no campo das próprias almas.

A Terra de amanhã será, inelutavelmente, o reflexo de nós mesmos.

Não te comovas tão somente perante o sofrimento que sufoca milhares de pequeninos.

Faze algo.

Começa diante daqueles que o Senhor te localiza junto aos próprios sonhos, no instituto doméstico, para que as tuas esperanças no bem não se resumam à fantasia.

Recorda que os meninos da atualidade estão endereçados à posição de senhores do lar que te acolherá no grande futuro e neles encontrarás a colheita do que houveres semeado, uma vez que a lei é sempre a lei multiplicando os bens e os males da vida, conforme a plantação que fizermos, no descaso ou na vigilância, no trabalho ou na preguiça, nos precipícios da sombra ou nas eminências da luz.

EMMANUEL

CAPÍTULO 22

A TERRA — NOSSA ESCOLA

Contempla a beleza da Terra — a nossa escola — para que o pessimismo não te obscureça a estrada, anulando-te o tempo na regeneração do destino.

Não será fazer lirismo inoperante, mas sim descerrar os olhos no painel das realidades objetivas.

Pensa no Sol que é luz infatigável;

no céu a constelar-se em turbilhões de estrelas, novas pátrias de luz, exaltando a esperança;

na fonte que se entrega, mitigando-te a sede;

na árvore generosa a proteger-te os passos;

na semente minúscula abrindo-se em flor e pão;

no lar aconchegante a guardar-te, promissor...

Tudo no altar da Natureza é prazer de auxiliar e privilégio de servir.

Entretanto, muitas vezes, trazemos, em nós próprios, tristeza e crueldade por tóxicos do caminho...

E renascentes de ontem cujos minutos gastamos na edificação do próprio infortúnio, temos o coração qual vaso de fel, aniquilando em nós as bênçãos da alegria.

Não podemos negar a condição de espíritos prisioneiros, quando se nos desdobra a experiência no corpo físico, entretanto, é nessa segregação oportuna que recapitulamos as nossas lições perdidas.

É na veste física que tornamos ao adversário do pretérito, à afeição mal vivida e ao obstáculo que se fez resultado de nossa própria incúria.

Não há mal na Terra, senão em nós mesmos — mal de nossa rebeldia multimilenária diante da Eterna Lei do Amor — gerando os males que nos marcam a imprevidência.

Descerremos as portas da alma à luz da grande compreensão e, buscando aprender com os recursos do mundo, que nos amparam em nome da Divina Providência, reajustemo-nos no amor que entende e socorre, abençoa e serve sempre, na certeza de que, refletindo em nós os Propósitos Divinos, encontraremos, desde agora, nas complexidades e nevoeiros do mundo, a preciosa trilha de acesso ao Eterno Bem.

EMMANUEL

CAPÍTULO 23

HONRAR **PAI E MÃE**

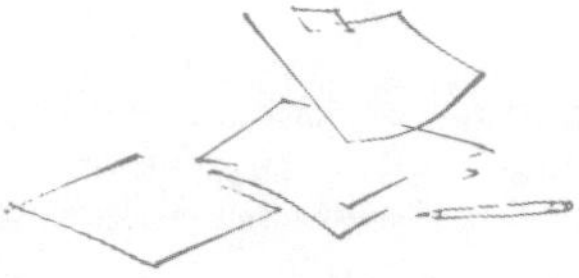

Declara o mandamento expresso da Lei Antiga: "Honrarás pai e mãe".

E Jesus, mais tarde, em complementação das verdades celestes, afirmou positivo: "Eu não vim destruir a Lei".

Entretanto, no decurso do apostolado divino, o Senhor chega a dizer: "Aquele que não renunciar ao seu pai e à sua mãe não é digno de ser meu discípulo".

Ao primeiro exame, surge aparente desarmonia nos textos da lição.

Contudo, é preciso esclarecer que Jesus não nos endossaria qualquer indiferença para com os benfeitores terrenos que nos ofertam a bênção do santuário físico.

O Mestre exortava-nos simplesmente a desistir da exigência de sermos por eles lisonjeados ou mesmo compreendidos.

Prevenia-nos contra o narcisismo pelo qual, muitas vezes, no mundo, pretendemos converter nossos pais em satélites de nossos pontos de vista.

Devemos, sim, renunciar ao egoísmo de guardá-los por escravos de nossos caprichos, no cotidiano, a fim de que lhes possamos dignificar a presença, com a melhor devoção afetiva, perfumada de humildade pura e de carinho incessante.

Em tempo algum, pode um filho, por mais generoso, solver para com os pais a dívida de sacrifício e ternura a que se encontra empenhado.

A Terra não dispõe de recursos suficientes para resgatar os débitos do berço no qual retornamos, em nome do Criador, para a regeneração ou elevação de nossos próprios destinos.

Lembra-te ainda do Mestre Incomparável confiando a divina guardiã de seus dias ao apóstolo fiel, diante da cruz, e não te creias, em nome do Evangelho, exonerado da obrigação de honrar teus pais humanos, em todos os passos e caminhos do mundo, porque no devotamento incansável dos corações que nos abrem na Terra as portas da vida, palpita, em verdade, o amor inconcebível do próprio Deus.

Emmanuel

CAPÍTULO 24

LUZ E **BÊNÇÃO**

Nos marcos mais simples da própria senda, encontrarás a caridade por ingrediente insubstituível em todos os processos da evolução.

Luz da vida, em todos os campos do Universo, é a essência da Natureza.

Bênção de Deus em toda parte, é invisível brasão celeste enriquecendo a pobreza humana.

Sem a caridade da Terra que se deixa ferir, ninguém recolheria o concurso do pão.

Sem a caridade da fonte que suporta a secura, o solo pareceria incessante deserto.

Sem a caridade do lar, a civilização resultaria impossível.

Sem a caridade da escola, rugiria o mundo em perpétua barbárie.

Em todos os lugares, vemos a sublime virtude a fulgir no trabalho que assegura o progresso, na ciência que instrui, na solidariedade que garante o equilíbrio e na religião que plasma caminhos ao pensamento.

Seja onde for e com quem for, entre amigos e adversários, ou entre justos e injustos, deixa que a caridade se te exteriorize do próprio ser, à maneira de mensagem permanente de teu amor, endereçado a todas as criaturas.

Não acredites que a tua palavra possa auxiliar sem ela, nem admitas que o teu ouro consiga amparar alguém sem que o seles na bênção de sua luz.

Deus, cada dia, acendendo, por Suas Leis, o fulcro solar que nos revigora, é a caridade que nunca cessa, e a caridade que possas fazer, elevando e compreendendo, perdoando e amando os outros, será hoje e sempre a luz inestancável que, a nascer de ti mesmo, traçar-te-á, sem sombra, a ascensão para os Céus.

EMMANUEL

CAPÍTULO 25

DESPRENDIMENTO

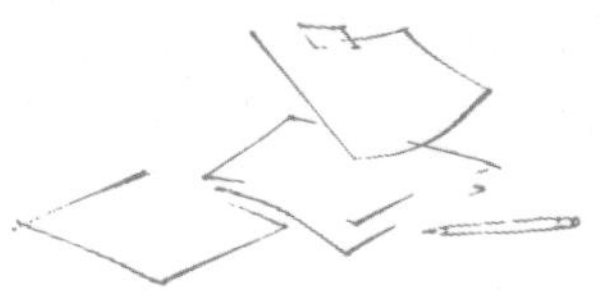

Fácil é desprender-se alguém da moeda que sobra, em favor do vizinho necessitado, mas é muito difícil projetar, a benefício dos outros, o sorriso de estímulo e o abraço da fraternidade que ajuda efetivamente.

Fácil é dar, de acordo com a nossa vontade e modo de ver ou sentir, mas é sempre difícil auxiliar o companheiro de jornada humana segundo os projetos e aspirações que ele nos apresenta.

Fácil é desligar o coração de objetos e bens, no enriquecimento de quantos sejam simpáticos aos nossos caprichos individuais, mas é muito difícil ceder em favor daqueles que não nos acompanham as opiniões.

Fácil é transmitir o que não nos custou esforço algum, entretanto, é difícil espalhar o que supomos conquista nossa.

Fácil é sacrificarmo-nos pela melhoria dos nossos amigos e familiares, no entanto, é sempre difícil a renunciação em auxílio dos que não oram pela cartilha de nossas devoções pessoais.

Fácil é libertar a palavra que ensina, mas é muito difícil desenvolver a ação que realiza.

Incontestavelmente, grande amor à Humanidade demonstra o aprendiz do Evangelho que distribui o pão e o remédio, o socorro e o ensinamento, a esmola e o auxílio, nas linhas materiais da vida; contudo, enquanto não aprendermos a dar do nosso suor, do nosso ponto de vista, do nosso concurso individual, do nosso sangue, do nosso tempo e do nosso coração, em favor de todos, não ingressaremos, realmente, no grande templo da Humanidade, onde receberemos, edificados e felizes, o título de companheiros e discípulos de Jesus.

EMMANUEL

CAPÍTULO 26

CORRIJAMOS **AGORA**

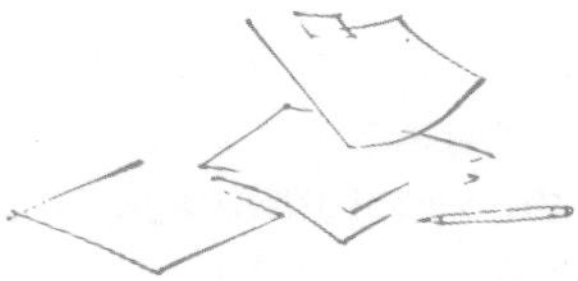

Em plena vida espiritual, além do caminho estreito da carne, sempre realizamos o inventário de nossas aquisições no mundo.

Em semelhantes ocasiões, invariavelmente nos escandalizamos à frente de nós mesmos e rogamos, então, à Divina Providência, a graça do retorno à matéria mais densa, sem as vantagens terrestres que nos serviram de perda.

É por isso que renascemos no mundo com singulares inibições congeniais.

Aqui, é um cego que pediu a medicação da sombra para curar antigos desvarios da visão.

Ali, é um surdo que solicitou o silêncio nos ouvidos, como bênção de reajuste da própria alma.

Mais além, somos defrontados pelo leproso que implorou do Céu a vestimenta de feridas e aflições, como remédio purificador da personalidade transviada do verdadeiro bem.

Mais adiante, encontramos o aleijado de nascença, que suplicou a mutilação natural por serviço valioso de autocorrigenda.

Doenças e amarguras, dificuldades e dores são meios de que nos valemos para a justa reparação de nossa vida, em nós ou fora de nós.

Atendamos ao aviso do Evangelho, no passo em que nos adverte o Senhor: "Caminhai, enquanto tendes luz".

Enquanto se vos concede no mundo a felicidade de permanência no corpo físico — templo de formação das nossas asas espirituais para a vida eterna — não procureis o escândalo, a distância de vosso círculo individual!

Escandalizemo-nos conosco, quando a nossa conduta estiver contrária aos princípios superiores que abraçamos.

Estranhemos nossos pensamentos, nossas palavras e nossos atos, quando não se afinem com o Mestre da Cruz, cujo modelo procuramos, e, assim, amanhã não teremos a lamentar maiores faltas, alcançando a vitória sobre nós mesmos, em paz com a nossa própria consciência, em plena Vida Imperecível que nos espera ante o Mestre e Senhor.

EMMANUEL

CAPÍTULO 27

CORTESIA

Toda ciência, decerto, demanda ensaio e preparação.

É assim que a arte de amar o próximo exige começo adequado.

Reportemo-nos à cortesia, como sendo a iniciação do amor puro.

Nem sempre serás impelido aos grandes testemunhos de sacrifício público, todavia, onde estiveres, a cada momento, serás requisitado pela bondade.

No lar e fora dele, em todos os instantes, és naturalmente intimado à compreensão e ao entendimento, à afabilidade e ao auxílio.

Não te confies às atitudes que te feririam nos outros, nem pronuncies palavras que te espancariam o coração caso fossem articuladas nas bocas que te rodeiam.

Lembra tuas próprias necessidades de carinho e não negues ao companheiro o estímulo da frase generosa e do amparo fraternal.

Recorda quantas vezes por dia te fazes credor do perdão alheio, em face das próprias leviandades que te fazem o ambiente pesado e difícil, e desculpa, quantas vezes se fizeram necessárias, as pequeninas ofensas que te visitam a estrada.

Não olvides as exigências que te cercam os passos, compelindo-te a receber favores de toda sorte, e, atento à colaboração que aguardas dos outros, não te furtes ao prazer de ajudar.

Desterra a crueldade do pensamento, para que a calúnia não te envenene os lábios e, de mãos firmes, no arado da gentileza, estende os braços na infatigável conjugação do verbo servir.

A grande sinfonia nasce em algumas notas.

A jornada mais extensa começa num passo simples.

Mil vezes referir-te-ás ao amor, destacando-lhe a excelência ou comentando-lhe a divindade, entretanto, para que, um dia, lhe atinjamos o santuário celeste e lhe irradiemos a luz, não nos esqueçamos de que é necessário sustentar entre nós o culto incessante da amizade e da compreensão.

Emmanuel

CAPÍTULO 28

ALAVANCA **DA VIDA**

Através do amor, nasce a criatura no berço que o mundo lhe entretece, em fios de esperança e, com ele, desenvolve-se, respirando a existência.

E cedo, quase sempre, por amor enceguecido, afeiçoa-se ao orgulho e, por amor desgovernado, cede às teias da delinquência.

Além da morte, porém, o amor genuíno acorda o discernimento anestesiado, e no amor vigilante, convertido em remorso, volvemos todos nós às justas do trabalho, ressarcindo o gravame que nos onera a vida.

É aí, nessas atormentadas províncias das sombras, que o amor tange as almas no reajuste preciso...

Mães abnegadas que se iludiram, envenenando o mel da ternura, pedem a bênção do recomeço, a fim de recolherem, novamente, nos braços os filhos que olvidaram na irreflexão e no vício;

pais amigos, que fizeram da proteção e da segurança sistema de tirania, voltam de novo à Terra, sofredores e penitentes, com a missão de reunirem, a preço de mágoa e fel, o rebanho das almas que dispersaram na rebeldia;

grandes mulheres que, por amor desorientado, intoxicaram a própria vida, rogam tarefas de sacrifício em que lavam com as águas do pranto as nódoas aflitivas que lhes marcam a rota, tanto quanto homens notáveis, que por amor desvairado se enredaram aos crimes da inteligência, suplicam as provas da frustração ou da enfermidade com que arredam de si a chaga da loucura e a dor do arrependimento.

É assim que por amor surge o charco da crueldade, mas também por amor brota a fonte das lágrimas que, em tudo, o purifica.

Procuremos na renúncia a nossa forma de amor, uma vez que somente amando a nossa oportunidade de erguer o bem para os outros, sem cogitar do apego a nós, é que seremos arrebatados ao sol do amor triunfante, que na Terra e nos Céus, é e será sempre a alavanca da vida.

EMMANUEL

CAPÍTULO 29

A LIÇÃO DO **ESQUECIMENTO**

Não fosse o olvido temporário que assegura o refazimento da alma, na reencarnação, segundo a misericórdia do Senhor que lhe orienta a reta justiça, decerto teríamos no mundo, ao invés da escola redentora, a jaula escura e extensa, onde os homens se converteriam em feras a se digladiarem indefinidamente.

Não fosse o dom do esquecimento que envolve o berço terrestre e o ódio viveria eternizado, transformando a Terra em purgatório angustioso e terrível, onde nada mais faríamos que chorar e lamentar, acusar e gemer.

A Divina Bondade, contudo, em cada romagem do espírito no campo do mundo, confere-lhe no corpo físico o arado novo, suscetível de valorizar-lhe a replantação do destino, no rumo do porvir.

De existência a existência, o Senhor vela-nos caridosamente a memória, a fim de que saibamos metamorfosear espinhos em flores e aversões em laços divinos.

O Pai, no entanto, com semelhante medida, não somente nos ampara com a providencial anestesia das chagas interiores, em favor do nosso êxito em novos compromissos.

Com essa dádiva, Ele que nos reforma o empréstimo do ensejo de trabalho, de experiência a experiência, nos induz à verdadeira fraternidade, para o esquecimento de nossas faltas recíprocas, dia a dia.

Aprendamos a olvidar as úlceras e as cicatrizes, as deformidades e os defeitos do irmão de jornada, se nos propomos efetivamente a avançar para diante, em busca de renovadores caminhos.

Cada dia é como que a "reencarnação da oportunidade", em que nos cabe aprender com o bem, redimindo o passado e elevando o presente, para que o nosso futuro não mais se obscureça.

Nas tarefas de redenção, mais vale esquecer que lembrar, a fim de que saibamos mentalizar com segurança e eficiência a sublimação pessoal que nos cabe atingir.

O Senhor nos avaliza os débitos, para que possamos adquirir os recursos destinados ao nosso próprio reajustamento à frente da Lei.

Recordemos o exemplo do Céu, destruindo os resíduos de sombra que, em forma de lamentação e de queixa, emergem ainda à tona de nossa personalidade, derramando-se em angústia e doença, através do pensamento e da palavra, da voz e da atitude.

Exaltemos o bem, dilatemo-lo e consagremo-lo nos menores gestos e em nossas mínimas tarefas, a cada instante da vida, e, somente assim, aprenderemos com o Senhor a olvidar a noite do pretérito, no rumo da alvorada que nos espera no fulgor do amanhã.

Emmanuel

CAPÍTULO 30

APTIDÃO E **HABILITAÇÃO**

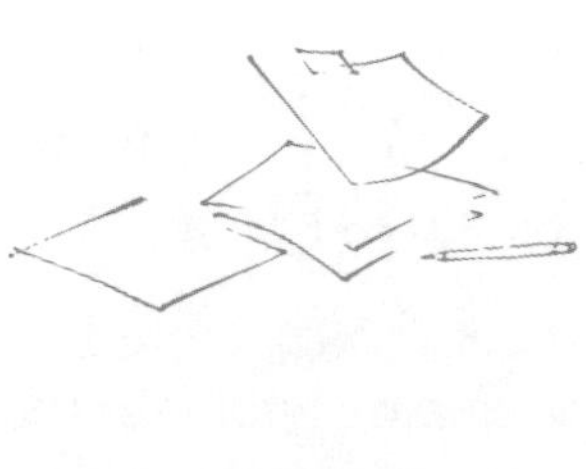

Aptidão é a capacidade do espírito para executar essa ou aquela tarefa no plano evolutivo em que se vê situado.

Por isso mesmo, aptidão bem aplicada é acesso do homem a níveis mais altos, de conformidade com a Lei Divina que retribui a cada um, segundo as obras que realiza.

A Terra é vasto campo de oportunidades ao desenvolvimento de nossos recursos potenciais.

Com o fim de aperfeiçoá-los, distribui a Bondade Eterna as habilitações humanas, de acordo com as nossas petições e desejos.

Entretanto, não bastará obtê-las para que a alma se honorifique com o triunfo indispensável nesse ou naquele círculo de ação.

Deus concede os títulos, cabendo ao homem o justo dever de usá-los e enobrecê-los.

Aqui vemos um médico, dignamente formado para o sacerdócio da cura, no entanto, se o esculápio, com diploma de mérito, não suporta os enfermos, debalde receberá o beneplácito da escola de medicina.

Além, anotamos um professor devidamente preparado à frente do magistério, mas se lhe falta amor para com os aprendizes, em vão terá recolhido as bênçãos da cultura.

E, em toda parte, vemos operários convocados ao trabalho, desprezando a oficina que os acolheu; mães que se ausentam do templo doméstico, hostilizando a nobre missão que o Céu lhes conferiu, e pais que desertam do lar, fugindo deliberadamente ao apostolado afetivo que lhes poderia preparar no presente de trabalho o futuro iluminado de amor.

Segundo é fácil perceber, somos depositários felizes de preciosas habilitações na Terra que muitas vezes menosprezamos em prejuízo próprio, esquecendo que todos possuímos aptidões para concretizar o melhor em nosso próprio caminho.

Se já podes compreender a verdade, aproveita os títulos que te foram emprestados pelo Senhor na pauta das convenções terrestres, na certeza de que, com eles, deténs contigo as mais amplas oportunidades de servir aos semelhantes e crescer para Deus.

Recorda que a enxada mais rica é simples candidata à ferrugem quando não atende à habilitação a que se destina e, fazendo da própria vida o teu instrumento de trabalho e de estudo, sem que percebas, o mundo conferir-te-á outros talentos e outros valores, armando-te de novos recursos para a conquista de novas e mais belas experiências.

EMMANUEL

CAPÍTULO 31

CÁ E **LÁ**

Cada criatura na Terra permanece na linha de conhecimento e mérito em que se coloca, e, no Além, cada Espírito se encontra no degrau evolutivo que já conquistou.

O túmulo é mera passagem para a renovação, tanto quanto o berçário é apenas recurso de volta ao aprendizado.

Nascimento e morte se completam por estágios no caminho da vida infinita.

Existem homens, partindo para o Mundo Maior, carregando consigo todo um purgatório de revolta e desencanto, e há quem volte do Plano Espiritual ao campo terrestre, trazendo no próprio ser todo um turbilhão de desespero.

Em razão disso, vemos no mundo infantil comovedores quadros de angústia que somente a chave da reencarnação consegue compreender.

Nas rendas do berço, há minúsculos rostos que as úlceras consomem e, em plena meninice, corpos tenros sofrem mutilação e enfermidade.

Almas que ainda conservam, nas fibras mais íntimas, o braseiro da rebelião e a cinza da amargura retomam o veículo físico em aflitivas condições, requisitando comiseração e socorro.

Outras, nos primeiros dias da existência terrestre, revelam, nos gestos mais simples, o ressentimento e o azedume que herdaram do próprio passado delituoso.

Entendendo a realidade da vida imperecível que nos rege os destinos recebamos, na criança de hoje, em pleno mundo físico, o companheiro do pretérito que nos bate à porta do coração, suplicando reajuste e socorro.

Lembremo-nos de que, mais tarde, provavelmente, chegará nossa vez de implorar o auxílio daqueles que nos deixaram na retaguarda e façamos pela infância de agora o melhor que pudermos.

Estendamos a luz da educação e do amor, diminuindo as sombras da penúria e da ignorância.

É possível que nossos filhos de hoje sejam nossos avoengos de ontem.

Com eles, talvez tenhamos assumido graves compromissos diante da Lei.

Por esse motivo, irmanados uns aos outros, amparemo-nos reciprocamente, compreendendo que, muito possivelmente, eles próprios ser-nos-ão os instrutores e os parentes mais íntimos de amanhã.

EMMANUEL

CAPÍTULO 32

LIBERDADE E **EXPIAÇÃO**

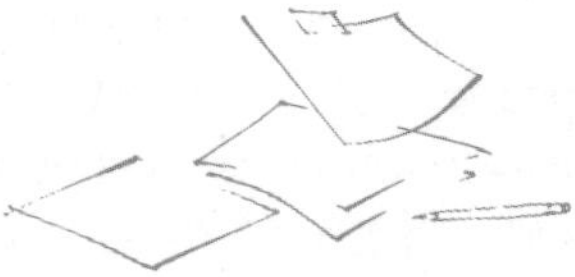

Não descreias da liberdade de caminhar para o domínio da luz, através da escravidão aos teus próprios deveres, para que te não despenhes no cativeiro da sombra, através da intemperança dos próprios desejos.

Diariamente criamos destino, porquanto, em cada hora de luta, é possível renovar as causas a que se nos subordinam as circunstâncias da marcha.

Não te suponhas enleado ao mal de tal forma que não te possas desvencilhar dele.

Imaginemos a penitenciária, guardando vasta assembleia de reeducandos, todos eles com sentença lavrada nos tribunais humanos.

Embora igualmente determinados pela resolução da justiça, podem revelar, no recinto em que se vejam, procedimento diverso, atenuando o rigor da pena que lhes for cominada ou dilatando as culpas que lhes vergastam o espírito.

Aí dentro, vemos os rebelados que exigem trato mais complexo e mais austera vigília, os briosos e atentos que se equilibram, ante os imperativos da ordem, e os que, além da própria disciplina, procuram cooperar na harmonia do reduto de regeneração em que se congregam, seja afeiçoando-se ao trabalho, acima daquele que a emenda lhes estipula, demonstrando mais alto padrão de reajuste moral ou auxiliando os companheiros de reclusão no difícil labor que lhes é devido.

Como vemos, ainda mesmo na grade das mais severas obrigações, pode a criatura melhorar ou agravar a própria situação, através das atitudes mais íntimas em que se caracteriza.

À vista disso, ainda mesmo enliçados nos mais ásperos empecilhos, aceitemos no bem a rota de cada dia, porque o bem é a lei do Universo, que nos alçará, por fim, o espírito endividado à grande libertação.

EMMANUEL

CAPÍTULO 33

EMANCIPAÇÃO ALÉM-TÚMULO

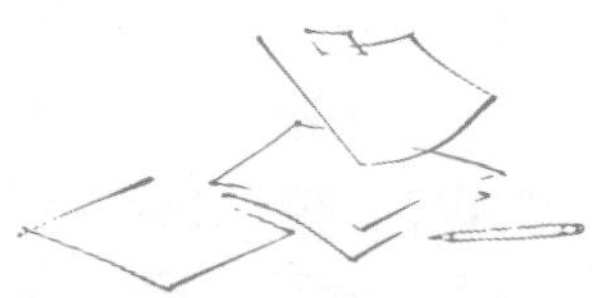

Se aspiras a compreender o que seja a emancipação espiritual para os que esperam a morte, de mãos no arado das obrigações fielmente cumpridas, ouve os companheiros encarcerados nas provas supremas da retaguarda.

Pergunta aos cegos que passam a existência buscando debalde fitar o colorido das flores, como se comportariam, obtendo, de improviso, o dom inefável da visão, diante da luz;

examina os mais íntimos anelos dos paralíticos, que atravessam longo tempo atarraxados no catre da aflição, suspirando por rastejarem;

reflete no martírio dos companheiros que amargam no hospital o transitório desequilíbrio da mente, sequiosos de retorno ao próprio domínio;

sonda a agonia silenciosa dos mudos que despenderiam alegremente todas as forças de que dispõem, a fim de pronunciarem breves palavras;

registra os soluços dos órfãos pequeninos, suplicando aconchego no coração materno;

medita na tortura constante dos que foram expulsos do lar, injustiçados e infelizes, sonhando o regresso aos braços que mais amam;

relaciona os suplícios dos que jazem nas penitenciárias dispostos a darem tudo de si mesmos, pelo perdão das próprias vítimas, de modo a aplacarem as chamas do remorso que lhes revolvem as consciências;

conta as lágrimas das mães desditosas que anseiam acariciar os filhos domiciliados para lá do sepulcro e dos quais se separaram, muitas vezes, nas horas mais belas da juventude;

observa o tormento da alma que ficou sozinha no mundo, tateando em desespero a lousa em que viu desaparecer os derradeiros sinais humanos da outra alma, cujo amor lhe resume a razão de ser;

inventaria os pesadelos ignorados de quantos se curvaram para a terra, suportando os extremos achaques da velhice corpórea, à feição do viajante dentro da noite, indagando as estrelas da oração pela hora da alva...

Emancipação! Todos os que estiveram, um dia, encadeados às trevas da provação conhecem a grandeza dessa palavra!

Emancipação espiritual é a mensagem da morte, no entanto, para que a morte seja alegria e clarão, liberdade e reencontro, é preciso que tenhamos sabido aceitar a escola da experiência terrestre, aprendendo a sofrer e servir na veste física, a encharcar-nos de suor no trabalho digno, a fim de recebermos as chaves de luz do lar eterno, na plenitude da Vida Maior.

EMMANUEL

Livros psicografados por Francisco Cândido Xavier editados pela Editora CEU

TÍTULO	ESPÍRITO	ANO DE PUBL.
Amigo	Emmanuel	1979
Livro de respostas	Emmanuel	1980
A vida conta	Maria Dolores	1980
Pronto-socorro	Emmanuel	1980
Caminhos	Emmanuel	1981
Rumos da vida	Espíritos diversos	1981
Família	Espíritos diversos	1981
Linha duzentos	Emmanuel	1981
Mais vida	Espíritos diversos	1982
Palavras do coração	Meimei	1982
Praça da amizade	Espíritos diversos	1982
Endereços da paz	André Luiz	1982
Paciência	Emmanuel	1983
Caminhos do amor	Maria Dolores	1983
Correio do Além	Espíritos diversos	1983
Paz	Emmanuel	1983
Convivência	Emmanuel	1984
Alma e vida	Maria Dolores	1984
Hoje	Emmanuel	1984
Tão fácil	Espíritos diversos	1985
Joia	Emmanuel	1985
Nós	Emmanuel	1985
Mediunidade e sintonia	Emmanuel	1986
O essencial	Emmanuel	1986
Canais da vida	Emmanuel	1986
Estradas e destinos	Espíritos diversos	1987
Doutrina e vida	Espíritos diversos	1987
Esperança e alegria	Espíritos diversos	1987
Temas da vida	Espíritos diversos	1987
Escultores da alma	Espíritos diversos	1987
Vida além da vida	Lineu de P. Leão Júnior	1988
Relatos da vida	Irmão X	1988

TÍTULO	ESPÍRITO	ANO DE PUBL.
Construção do amor	Emmanuel	1988
Doutrina e aplicação	Espíritos diversos	1989
Histórias e anotações	Irmão X	1989
Sentinelas da luz	Espíritos diversos	1990
Excursão de paz	Espíritos diversos	1990
Moradias de luz	Espíritos diversos	1990
Ação, vida e luz	Espíritos diversos	1991
Luz no caminho	Emmanuel	1992
Pérolas de luz	Emmanuel	1992
Bênçãos de amor	Espíritos diversos	1993
Gotas de paz	Emmanuel	1993
As palavras cantam	Carlos Augusto	1993
Esperança e luz	Espíritos diversos	1993
União em Jesus	Espíritos diversos	1994
Momento	Emmanuel	1994
Anotações da mediunidade	Emmanuel	1995
Plantão de respostas	Pinga-fogo II	1995
Antologia da amizade	Emmanuel	1995
Sínteses doutrinárias	Espíritos diversos	1995
Antologia da esperança	Espíritos diversos	1995
Saudação de Natal	Espíritos diversos	1996
Paz e amor	Cornélio Pires	1996
Alma do povo	Cornélio Pires	1996
Paz e libertação	Espíritos diversos	1996
Degraus da vida	Cornélio Pires	1996
Senda para Deus	Espíritos diversos	1997
Traços de Chico Xavier	Espíritos diversos	1997
Caminhos da vida	Cornélio Pires	1997
Pétalas da vida	Cornélio Pires	1997
Caminho iluminado	Emmanuel	1998
Trovas da vida	Cornélio Pires	1999
Escada de luz	Espíritos diversos	1999
Perdão e vida	Espíritos diversos	2000

Produção Editorial:
Rosiane Dias Rodrigues

Revisão:
João Sérgio Boschiroli
Jorge Leite de Oliveira

Capa:
Thiago Pereira Campos

Projeto Gráfico e Diagramação:
Rones José Silvano de Lima – www.bookebooks.com.br

Foto de Capa:
istockphoto.com / Kerstin Waurick

Normalização Técnica:
Biblioteca de Obras Raras e Documentos Patrimoniais do Livro

Esta edição foi impressa pela Colorsystem Gráfica Digital e Offset, Osasco, SP, com tiragem de 2 mil exemplares, todos em formato fechado de 140x210 mm e com mancha de 100x165 mm. Os papéis utilizados foram o Lux Cream 70 g/m² para o miolo e o Cartão L1 300 g/m² para a capa. O texto principal foi composto em fonte Zurich Lt BT 11/13,2 e os títulos em Zurich Lt BT 38/45,6. Impresso no Brasil. *Presita en Brazilo.*